María Inés Monjas Casares

EL NIÑO MANDÓN

EDICIONES PIRÁMIDE

La colección ofrece a los padres y a las personas relacionadas con los niños pautas de intervención provechosas avaladas por la investigación. Cada título consta de un cuaderno para los padres, con información contrastada y consejos prácticos sobre qué hacer o no hacer en el día a día, y de un cuento para el niño, con el objetivo de ayudarle a enfocar sus emociones de manera positiva y divertida, a resolver sus preocupaciones y dificultades, en definitiva, a hacer frente a los retos de crecer, desarrollarse y hacerse mayor.

Directores de la colección: Aurora Gavino y Francisco Xavier Méndez

Ilustrador de cubierta: José Luis Espuelas

Ilustraciones de interiores de la guía: pikisuperstar para freepick.

© María Inés Monjas Casares
© Ediciones Pirámide (Grupo Anaya, S. A.), 2024
Valentín Beato, 21. 28037 Madrid
Teléfono: 91 393 89 89
www.edicionespiramide.es
Depósito legal: M. 18.912-2024
ISBN: 978-84-368-5012-3
Printed in Spain

Índice

Cómo utilizar Psicocuentos

Cada obra de la colección consta de un *cuaderno* y de un *cuento*. Se recomienda a los padres, tutores y educadores en general que lean previamente el cuaderno, para conocer la información más importante y las pautas de actuación contrastadas por la investigación científica y la experiencia profesional. La lectura se complementa con las actividades propuestas.

Una vez asimilados los contenidos del cuaderno, se está en disposición de obtener el máximo provecho del cuento. Es importante escoger un momento y un lugar tranquilos para leer con entusiasmo el texto, comentar las ilustraciones y, sobre todo, sugerir acciones que ayuden a superar el problema infantil.

Introducción

Es domingo por la tarde y, finalmente, después de muchas dudas, estamos celebrando el cumpleaños de nuestro hijo. Le hemos hecho prometer que se va a portar bien con las niñas y los niños invitados, que no va a ser exigente y que no les mandará, ni les chillará ni les insultará.

Él ha elegido el menú y entre todos hemos puesto la mesa y lo hemos adornado con globos y guirnaldas multicolores. Hemos previsto también los juegos que a él le gustan para después de merendar.

En total son ocho niños: dos compañeras del colegio, dos vecinos y sus cuatro primos.

Pero, a pesar de sus propósitos de buen comportamiento, en el momento de abrir los regalos ya está empezando a mandar, a vocear, a dar órdenes a todos y a mostrarse intransigente: ¡No lo toques! ¡Esto es mío! ¡Así no se enciende! ¡Eres tonta!

Esto hace que nosotros nos pongamos nerviosos y no sepamos cómo afrontar la situación delante del grupo, menores y adultos.

Sinceramente no sabemos cómo actuar con nuestro hijo, es un mandón y cada día está más testarudo. Además, estamos muy preocupados porque su profesora en la reunión nos ha alertado de su carácter dominante y autoritario con los compañeros, remarcando que algunos niños no quieren jugar ni hacer equipo de trabajo con él. Y también en los últimos días, a la entrada o salida del colegio, alguna familia se ha acercado a comentarnos que su hijo o hija se queja de algunas conductas de nuestro hijo.

Padres y madres[1] en ocasiones experimentamos, directamente o como espectadores, alguna situación similar en la que nuestros hijos se erigen como mandones y gallitos imponiendo, de forma autoritaria, sus deseos e intereses ante otros niños y niñas o personas adultas.

En las páginas siguientes tratamos de conocer y entender más a los niños etiquetados como mandones. Primero comentamos la im-

---

[1] A lo largo del texto, nos referimos a familia, padre, madre e hijos, incluyendo en estos términos todo tipo de familias: tradicional, monoparental, homoparental o múltiples.

portancia de las relaciones entre iguales y la conveniencia de promover los estilos de relación respetuosos. Después describimos las principales conductas y características de los niños mandones y aludimos a algunas causas y factores asociados. Para terminar, daremos unas pautas y orientaciones que pueden ayudarnos a afrontar estas conductas de exigencia e intransigencia que entorpecen el desarrollo óptimo de nuestros hijos e hijas.

¿Por qué son importantes en la infancia las buenas relaciones y los estilos de relación respetuosos?

Las relaciones entre iguales

Somos seres sociales con necesidades de afiliación, pertenencia, compañía y de vínculos de amistad, compañerismo y amor entre otros.

La conducta social se aprende en las relaciones con la familia y con otras personas adultas relevantes, como el profesorado y educadores, y con otros agentes de socialización coetáneos como hermanas, primos, amigas, vecinas y compañeros; y también a través de los medios de comunicación y los medios tecnológicos.

En las relaciones del niño con las personas adultas, estas llevan las riendas; sin embargo, en las que ocurren con otros niños, el control es recíproco e igualitario. Se utiliza la expresión «relaciones entre iguales» para referirse a estas interacciones, cuya principal característica es que los participantes son muy parecidos en edad, intereses y características y están en una posición social semejante. Estas interacciones son paritarias y simétricas y se regulan básicamente por la ley de la reciprocidad entre lo que se da y lo que se recibe.

En la interacción con los compañeros, se explora el mundo social no familiar y se posibilita la adquisición y práctica de relevantes aspectos cognitivos, emocionales y sociales, como se muestra a continuación:

- Conocimiento propio y desarrollo del autoconcepto y de la autoestima.
- Comprensión de los demás.
- Aceptación, sentido de inclusión y de pertenencia.
- Compañía y protección.
- Empatía, habilidad para ponerse en el lugar del otro y percibir la situación desde la perspectiva ajena.

- Disfrute, diversión y complicidad.
- Afecto, apoyo emocional y construcción de vínculos de compañerismo y amistad.
- Reciprocidad, dar y recibir e intercambio en el control de las interacciones.
- Conducta prosocial, ayuda, apoyo y consuelo.
- Colaboración y cooperación.
- Autocontrol y autorregulación de la propia conducta.
- Información y conocimientos.
- Desarrollo moral y aprendizaje de valores y normas.
- Estrategias sociales de negociación y de acuerdos, compartir, crear normas, etc.

Estar integrado, llevarse bien y tener amigos

Lograr un desarrollo emocional y social óptimo implica que nuestros niños y adolescentes aprendan y apliquen diversas habilidades socioemocionales (comunicación verbal y no verbal, asertividad, gestión emocional, solución de problemas interpersonales…) y valores (conducta prosocial y empática, sinceridad, responsabilidad…), que les permitan ser aceptados y queridos por los compañeros, tener amigos y estar integrados, participando activamente en los grupos y escenarios familiares, escolares, de ocio y virtuales, donde viven y se relacionan.

En este largo y complejo proceso, la mayoría logra relaciones positivas y satisfactorias, pero en algunos casos, las experiencias con los iguales no existen (aislamiento, carencia de amigos, timidez excesiva…) o son negativas (exclusión, rechazo, acoso...), situaciones que pueden tener consecuencias perjudiciales para su desarrollo socioemocional.

Los estilos de relación interpersonal

En las relaciones interpersonales, tanto entre adultos, como en la infancia y la adolescencia, pueden desplegarse tres tipos de interacciones: agresivas, asertivas o inhibidas. La preponderancia de unas u otras contribuye al desarrollo y posible consolidación de un estilo de interacción.

El **estilo agresivo, dominante o prepotente,** se caracteriza por ir **contra los demás,** está asociado a la lucha, la agresión y el dominio. En las interacciones agresivas no se respeta a los demás.

El **estilo asertivo, respetuoso e igualitario,** se caracteriza por ser una persona cercana **con y hacia los demás,** está asociado a acciones de intercambio e igualdad. En las interacciones asertivas la persona se respeta a sí misma y respeta a los demás.

El **estilo inhibido, sumiso e impotente,** se caracteriza por ubicarse **fuera y alejado de los demás,** está asociado al miedo y al alejamiento. En las interacciones inhibidas la persona no se hace respetar.

Algunas de las características de los estilos de relación son las siguientes:

AGRESIVO	ASERTIVO	INHIBIDO
Lucha	**Intercambio**	**Huida**
Agresión física, verbal, gestual.	Diálogo, solución de problemas, reciprocidad.	No tiene o no usa ningún estilo de comunicación.
Orientación *contra* los demás.	Orientación *hacia y con* los demás.	Orientación *fuera de* y alejado de los demás.
Estar y quedar por encima. Se considera superior. Es prepotente.	Relaciones entre iguales.	Se sitúa en un plano de inferioridad. Se ve impotente.
Manipula a los demás. No respeta a los otros.	Ni manipula ni se deja manipular. Respeta a los demás y se respeta a sí mismo.	Se deja manipular. No se hace respetar.

RECORDAMOS

El niño asertivo expresa de forma directa, segura y amable sus pensamientos, deseos, emociones y opiniones y simultáneamente respeta los deseos, emociones y opiniones de las otras personas.

REFLEXIONAMOS Y ANOTAMOS

¿Qué ventajas e inconvenientes tiene ser y comportarse como un niño o niña agresivo? _____

_____

¿Qué ventajas e inconvenientes tiene ser y comportarse como un niño o niña asertivo? _____

_____

_____

¿Qué ventajas e inconvenientes tiene ser y comportarse como un niño o niña inhibido? _____

_____

_____

OBSERVAMOS Y ANOTAMOS

Durante una semana, vamos anotando conductas asertivas y respetuosas de los miembros de la familia:

-
-
-
-
-
-
-

¿Cómo es un niño mandón? ¿Qué significa tener un hijo mandón?

¿Qué hace?, ¿qué dice?, ¿cómo manda?, ¿cómo se siente?, ¿qué no hace?

Un niño o niña mandón es aquel que, con frecuencia, interactúa con sus iguales y con algunos adultos (madre, padre, abuelos…) de forma dominante y exigente, con agresividad verbal, gestual y relacional. Y que generalmente no usa agresión física en estas interacciones. Él o ella necesita estar por encima, mandar y manipular, conseguir sus intereses y salirse con la suya.

A este tipo de niños se les cataloga como: *mandón, marimandona, dominante, gallito, mandamás* o *chulito*. Y se les define como: *intransigente, terco, testarudo e intolerante*.

Aunque cada niña o niño exigente es diferente, las siguientes son conductas que familias y profesorado asocian con estos pequeños autoritarios.

Su actitud imperativa se manifiesta en algunas de las conductas que aparecen a continuación:

- Impone su voluntad, gustos e intereses por encima de los de sus iguales y, frecuentemente, también de las personas adultas familiares.
- Es agresivo, pero raramente es pegón, no suele usar la agresión física, sino la verbal, gestual y psicológica.
- Es egocéntrico y egoísta. Yo, mí, me, conmigo….Le gusta ser el jefe y centro de atención de familia, amigos y compañeros.
- Exige y es intransigente: «quiero jugar ahora», «me lo compras hoy, no mañana», etc.

- Da órdenes, pero no acata las indicaciones de los demás. Frases como: **«no quiero el yogur, dame un donut»**, **«quiero ir a la calle ahora!»** o **«no pienso hacerlo»** son frecuentes.
- Usa el chantaje afectivo: **«si no me das…, no te quiero»**, **«si no me dejas la tablet, no me voy a duchar»**, etc.
- Tiene rabietas en momentos y situaciones inoportunas en las que adivina que los padres podemos ceder a sus deseos, por ejemplo, estando con gente o cuando tenemos prisa.
- No acepta las normas que no le gustan o no le benefician.
- Es caprichoso y persistente hasta que consigue lo que quiere: ver la tele, la ropa que quiere ponerse…
- En muchos momentos:

  — No obedece, solo lo hacesi le interesa.
  — No sigue indicaciones ni acata órdenes.
  — No acepta orientaciones ni sugerencias si no le reportan beneficios.
  — No escucha lo que no quiere.
  — No transige.
  — No respeta ni considera los intereses ajenos.

Sus emociones más frecuentes son negativas y displacenteras:

- Enfado y rabia cuando no se hace lo que desea, se altera y no nos quiere hablar.
- A menudo está de mal humor y en determinados casos su expresión facial es de enfado y disconfort.
- Frustración cuando no consigue lo que quiere.
- Insatisfacción porque nunca está conforme, siempre quiere más.
- En general es poco afectuoso, solo se muestra cariñoso cuando le interesa conseguir algo.

En las relaciones con los iguales:

- Quiere que le obedezcan.
- Da órdenes con voces y gritos.
- Amenaza verbal y gestualmente.
- Es poco empático y no tiene en cuenta a los demás.
- Se niega a compartir sus cosas con sus hermanos u otros niños.
- Determina qué y cómo hay que hacer las cosas y le encanta dirigir y llevar la voz cantante en los juegos
- Es dominante y puede llegar a manipular las relaciones con los demás para conseguir lo que quiere.

- Se hace el graciosillo y el chulito y hace bromas pesadas que no gustan a los demás.
- Manipula para obtener beneficios.
- Se muestra competitivo.
- No le gusta que le lleven la contraria.
- Insulta y pone motes a los iguales y hace atribuciones hostiles a los demás: «ella ha empezado a insultarme».

- No sabe perder, siempre quiere ganar y beneficiarse.
- No asume sus responsabilidades y pone excusas como: «no he sido yo», «no es mi culpa», «ella es tonta», etc.
- Pone pegas a los amigos, compañeros, vecinos, primos: «es fea», «es tonto», «es pelirroja»…

RECORDAMOS

A pesar de tener algunas similitudes, el niño mandón no ha de equipararse con fenómenos de acoso o *bullying*, que es una conducta agresiva intencional, habitual, persistente y sistemática, entre iguales, donde existe un desequilibrio de fuerza o poder entre los interactores y se genera un vínculo pernicioso entre el acosador y la víctima. El niño mandón ordena y es exigente no solo con los iguales, también es autoritario con las personas adultas.

¿Qué hacemos los padres? ¿Qué consecuencias produce su conducta en la familia?

¿Nuestra reacción es adecuada cuando nuestra hija o hijo nos manda e, incluso, nos exige? ¿Alguna de nuestras conductas pueden estar influyendo en que nuestro hijo o hija se comporte así?

Algunos padres vivimos casos como los siguientes:

- Cuando era más pequeña nos hacía gracia cómo mandaba y decíamos: «esta niña tiene mucho carácter». Pero actualmente estas situaciones generan malestar en la familia: «tiene el poder de sacarnos de quicio y a veces nos sentimos sobrepasados, culpables e incompetentes».
- Actualmente tenemos roces y problemas en la pareja porque cada uno lo vemos desde distintos puntos de vista y nos culpamos: «tú le consientes todo», «el abuelo le da todos los caprichos»,

OBSERVAMOS Y ANOTAMOS

En las próximas semanas haremos un listado de las conductas de mando o exigencia que observemos en nuestro entorno, anotando la situación, las personas presentes y las reacciones que se aprecian:

-
-
-
-
-
-

«tú eres muy mandona y se parece a ti»...

- En ocasiones cedemos a sus caprichos y a su chantaje y dimitimos de nuestra autoridad para que no monte números. Esto nos provoca emociones intensas de rabia, vergüenza y fracaso, especialmente, cuando estamos con más gente. Últimamente dejamos de hacer actividades y salidas familiares o con amigos para evitar sus imposiciones.

- Su abuela le da muchos caprichos y le deja hacer todo lo que quiere y en este momento ya no se hace con él. Su hermana está harta de él.

Las madres y lospadres queremos educar bien a nuestros hijos, pero a veces cometemos errores, porque no somos conscientes o porque no sabemos qué hacer.

¿Por qué y cuándo tenemos que preocuparnos y empezar a actuar?

En un primer momento, las conductas impositivas e imperativas de los niños, pueden considerarse una fase en la que miden sus posibilidades y tratan de conseguir sus objetivos, aunque lo hagan de forma poco empática y hasta egoísta. Pero, si esa conducta persiste, existe el riesgo de que sus compañeros no les aprecien, no quieran su compañía, les aíslen, les rechacen e incluso les eviten. Por ejemplo, no le invitan al cumpleaños o no la eligen como compañera de juegos. Puede ocurrir además que se le etiquete como mandón y, una vez que adquiera esa reputación en el grupo, es difícil cambiarla.

Con el tiempo y, especialmente, cuando, de forma repetida despliegan ese estilo y consiguen lo que quieren, aprenden a ser egoístas, a no ser respetuosos y a usar algún tipo de ataque para conseguir sus objetivos, lo que puede contribuir a que se consolide un estilo de interacción agresivo y prepotente y tenga problemas para regular su conducta.

Si no nos ocupamos a tiempo, algunos riesgos pueden ser que empiece a maltratar sistemáticamente a otros niños y se convierta en acosador en fenómenos de *bullying*. Y, a largo plazo, pueden derivar en cuadros más peligrosos convirtiéndose en niños tiranos con sus padres, lo que se denomina como «síndrome del emperador», y pueden llegar a darse casos de violencia filioparental.

¿Por qué nuestro hijo es mandón?

Ningún niño nace mandón ni ninguna niña nace exigente o impositiva, aunque inicialmente puedan tener un temperamento difícil. Estas conductas se aprenden en los procesos de socialización temprana, en las relaciones con las figuras de apego relevantes, no solo los progenitores, sino también otras personas como abuelas, cuidadoras, canguros, educadores, profesorado y en las relaciones con los iguales, en los juegos, con los juguetes y a través de los medios audiovisuales y tecnológicos (TIC).

Aquí nos vamos a centrar en el estilo educativo y las estrategias socializadoras de los progenitores, madres y padres, porque somos de vital importancia en el proceso temprano de desarrollo socioemocional de nuestras criaturas. Y porque somos los gestores y dinamizadores básicos del mundo social de nuestros hijos.

Estilos educativos de crianza y otros factores

Se consideran cuatro estilos parentales derivados de dos dimensiones básicas:

1. Afecto y comunicación de los padres hacia los hijos: sensibilización a sus necesidades, aceptación de sus características individuales y de las formas de comunicación y afecto que expresan.
2. Control y exigencias: estrategias de supervisión y disciplina que utilizan para su óptimo desarrollo y para el cumplimiento de las normas de convivencia.

Algunos de los factores que se asocian con el mantenimiento o fortalecimiento de la conducta exigente de los hijos son:

ESTILOS EDUCATIVOS FAMILIARES

- Padres poco afectivos.
- Padres autoritarios y controladores que dan muchas órdenes y planifican en exceso.
- Estilo permisivo, con inconsistencia en las normas y falta de límites.
- Niños mimados, muy consentidos y con muchos caprichos.
- Niños sobreprotegidos, porque se les quiere evitar riesgos (lo que se denomina «padres helicópteros»).
- Permisividad de conductas inadecuadas. Se cede para «no montar números».
- Estilo de vida de prisas con escaso tiempo de socialización cercana y sosegada.
- Hijos o hijas únicos o muy deseados.
- Padres y madres mayores.

RECORDAMOS

El estilo inductivo, de apoyo o democrático, se caracteriza por:

1. Un alto grado de afecto y comunicación y también un alto grado de control. Las madres y padres democráticos combinan el control y la exigencia con las muestras explícitas de afecto y la comunicación con sus hijos.
2. Los hijos tienden a ser seguros de sí mismos, con autocontrol y autónomos.

REFLEXIONAMOS Y COMENTAMOS

Reflexionar sobre nuestro estilo nos ayudará a ser conscientes de los aspectos que hemos de mejorar. ¿Qué estilo educativo practicamos en casa? _____

_____

_____

_____

_____

_____

_____

_____

_____

_____

Sabemos que la conducta exigente de nuestro hijo tiene relación con lo que hacemos las personas significativas que estamos a su alrededor, por eso es importante revisar y analizar el estilo y dinámica familiar y la conducta de relación interpersonal de la madre, del padre y de las otras figuras relevantes (hermanas y hermanos, abuelos…).

- ¿Qué relaciones tenemos cada miembro de la familia con otras personas?

- ¿Qué estilo de crianza es característico de cada uno de nosotros?

- ¿Qué clima familiar hay en nuestra casa? ¿Qué tipo de disciplina utilizamos?

- ¿Estoy/estamos siendo un modelo del comportamiento autoritario para mi/nuestro hijo?

- ¿Qué conductas, nuestras o de personas cercanas, están contribuyendo a que nuestro hijo sea un gallito?

- ¿Damos importancia a la conducta mandona de nuestro hijo?

- ¿Qué hacemos antes, durante y después de las conductas de exigencia e imposición de nuestro hijo?

- ¿Qué hacemos para que nuestro hijo deje de ser mandón?

- ¿Estimulamos a nuestro hijo para que tenga relaciones igualitarias con otros niños

- …

¿Qué estrategias empleamos a menudo para controlar o cambiar la conducta exigente de nuestro hijo? Aquí tenemos algunos ejemplos, añadiremos más y las asociaremos con el estilo de crianza correspondiente.

	Permisivo	Democrático	Negligente	Autoritario
Indicaciones y normas claras y precisas		x		
Diálogo y buenas palabras tratando de que razone				
Riñas y reprimendas				
Castigos				
Supervisión continuada y estricta				
Abrazos, caricias y besos				
Voces y gritos				
Dejamos hacer y supervisamos poco				
Palabras suaves				

Con posterioridad, ponemos en común qué cambios hemos de hacer en nuestra familia para promover el estilo democrático.

¿Cómo podemos ayudar a nuestro hijo?

Pistas y orientaciones

En este apartado presentamos ideas, sugerencias y estrategias que nos pueden orientar y ayudar a modificar la conducta exigente de nuestro hijo y nuestro estilo de interacción familiar, sabiendo que no son recetas mágicas que sirvan para todos los casos. Por ello es aconsejable que cada familia las adaptemos a nuestras circunstancias y peculiaridades y también que vayamos diseñando otras nuevas, en función de nuestras experiencias y de los logros que vamos consiguiendo.

El objetivo principal es contribuir al bienestar emocional de la familia y crecer como personas construyendo un estilo positivo de crianza y promoviendo el óptimo desarrollo socioemocional de nuestro hijo, identificando sus conductas de exigencia, tratando de minimizarlas o erradicarlas y sustituirlas por conductas respetuosas e igualitarias.

Para empezar, es bueno comentar nuestras preocupaciones y dudas con familiares o amigos de confianza, porque pueden ayudarnos a entender qué pasa y cómo debemos actuar.

Desde luego es importante, durante todo el proceso, estar en contacto con el colegio, coordinándonos con educadoras y profesorado que pueden aportarnos información valiosa y ayuda. Y no hay que dudar en pedir entrevistas con la profesora tutora.

Y si los problemas persisten y no los estamos gestionando adecuadamente, solicitar ayuda de profesionales psicólogos.

1. MÁS VALE PREVENIR QUE CURAR

- Aprendemos a reconocer signos o situaciones en las que pueden producirse conductas prepotentes, exigentes o de desobediencia y las evitamos o nos preparamos para afrontarlas.

- Consensuamos normas básicas de funcionamiento familiar y límites claros y decidimos conductas concretas que favorezcan un estilo de interacción inductivo y democrático.
  — Concretamos tiempos y horarios para ver la televisión, la tablet, los juegos…
  — Nos turnamos entre nosotros y toma las riendas el progenitor que está más tranquilo y relajado.
  — Establecemos rutinas:
    - Recogemos la ropa y la mochila y después jugamos.
    - Colocamos los juguetes cuando acabamos de jugar.
    - Será responsable, él solo o con alguien de la familia, de algunas sencillas tareas de la casa, por ejemplo, cuando terminemos de comer, llevamos platos y cubiertos a la cocina.
- Nos preparamos previamente para situaciones interpersonales que puedan disparar su conducta mandona y prepotente. Por ejemplo, cuando quedamos con otras familias con niños o cuando va a fiestas de cumpleaños.
- Reflexionamos con nuestro hijo sobre los inconvenientes de ser mandón y las posibles consecuencias de sus actos: «*no quieren jugar contigo porque...*», «*no te invitan al cumple porque...*».

2. PROMOVEMOS CONDUCTAS ADECUADAS Y DESEABLES

- Proporcionamos modelos asertivos y competentes (hermana, compañeros, televisión, amigo) y a la vez minimizamos la exposición a modelos exigentes y autoritarios.
- Leemos libros de literatura infantil con personajes amables, tranquilos y resaltamos sus conductas de ayuda y amistad.
- Predicamos con el ejemplo, siendo modelos asertivos, tranquilos y amables, en vez de dar órdenes, hacemos sugerencias.
- Mostramos expectativas positivas y le damos confianza: *seguro que lo harás bien porque estás poniendo mucho cuidado…*
- Procuramos que aprenda de sus propios errores, promoviendo conductas alternativas más respetuosas.
- Provocamos la interacción positiva con otros niños: un amigo viene a jugar, quedamos con vecinos en el parque, etc.
- Le estimulamos para que sea comprensivo y se ponga en la piel de otras personas y resaltamos los beneficios de ser empático y prosocial.

Aconsejamos cambiar órdenes por sugerencias: ««*No toques*» → «*Yo quiero que*», «*Me gustaría que*», «*Me encantaría que…*», «*¿Podrías…?*».

3. FELICITAMOS, REFORZAMOS Y VALORAMOS

El elogio, la sonrisa, una muestra de afecto, una recompensa después de una conducta, hace que esta tienda a repetirse. Por eso es importante que reconozcamos y apoyemos explícitamente sus esfuerzos y cualquier pequeño cambio de actitud de su conducta exigente. Por ejemplo, cuando obedece, pide sin exigencias o no da órdenes le decimos: «*Así me gusta, eres un sol*». Y progresivamente trataremos de que sea el niño o la niña quien que se recompense: «*¡Lo he logrado! Me ha costado, pero estoy feliz*». De esta forma, le hacemos sentirse orgulloso de sus logros personales y se fortalece su autoestima.

4. CUIDAMOS LAS EMOCIONES

La inteligencia emocional implica identificar, comprender, expresar y gestionar las emociones, tanto las positivas y agradables (alegría, ilusión…), como las negativas o desagradables (enfado, tristeza, frustración…).

Un elemento importante en las familias son los afectos y los vínculos emocionales. Los padres somos un ejemplo de gestión emocional y tenemos la tarea del acompañamiento emocional de nuestros hijos. Así que las emociones han de tener un lugar relevante en la vida familiar: identificar cómo nos sentimos, ponerlo en palabras, expresarlo adecuadamente y gestionarlo con competencia.

5. EVITAMOS Y NO HACEMOS

- Exponerle a modelos mandones, chulos o prepotentes.
- Prestarle atención a conducta autoritarias, imposiciones…
- Darle órdenes en tono autoritario.
- Recurrir a castigos físicos.
- Ceder ante las exigencias.
- Recriminar con agresividad o en mal tono.
- Afearle sus conductas en público.
- Potenciar las conductas prepotentes.
- Compararle, desventajosamente, respecto a primos, amigos, vecinos…
- Ponerle la etiqueta de mandón, tirano o dominante.
- Rendirnos ante la imposición y los chantajes.

HACEMOS UN «PLAN GUAY»

Diccionario RAE:

Guay: Muy bueno, estupendo.

Teniendo en cuenta las pistas y orientaciones anteriores, trataremos de organizar un «Plan de actividades» que se ajuste a nuestras necesidades y características familiares concretas. Este plan ha de ser flexible y vivo porque se irán incorporando o eliminando actividades en función de la evolución de la conducta de nuestro hijo.

Se trata de reservar un tiempo de calidad, un rato de estar juntos haciendo actividades divertidas y chulas, con una doble finalidad: «afectiva», de estrechar nuestros vínculos emocionales, y «educativa», de desarrollar nuevas conductas que sustituyan la conducta imperativa de nuestro hijo. Será por tanto muy importante nuestra implicación, dedicación, paciencia y perseverancia, porque los cambios no se producen milagrosamente.

Es estupendo si ponemos un nombre a nuestro «plan». Puede ser algo que nos guste, una palabra inventada, un acrónimo… Por ejemplo: «La hora divertida y chula», «Nuestro tiempo estupendo», «Ay, qué tiempo más guay».

Elegimos un lugar concreto o distintos lugares de la casa, en función de las actividades. Un sitio cómodo para «El rincón de la tranquilidad» y «El cojín de la calma». Una zona con espacio y altavoces para «La música es la protagonista». Una mesa redonda para «Hablamos hasta entendernos».

Es muy importante cuidar la actitud y el clima familiar en estas actividades y crear buen ambiente, tener expectativas positivas, empezar con ánimo y con la implicación y dedicación de todos, siendo consecuentes con lo que hayamos establecido.

Posibles actividades

A continuación, a título ilustrativo, hacemos unas sugerencias que sirvan de estímulo para crear nuestrass actividades en familia.

- *Relajación:* nos relajamos: ¡qué tranquilidad!
  — Tiempo de relax, de mimos, de masajes.
  — Respiración: tranquila.
  — Sin prisas: *«Un momento, déjame pensar…».*

- *Comunicación:* ¡hablamos hasta entendernos!
  — Comunicación no verbal: gestos y tono de voz suave, mirada amable, sonrisa.
  — Escucha activa: escuchar a las demás.
  — Comunicación verbal respetuosa y cordial:

- Hablamos tranquilos y con respeto.
- Dialogamos.
- Lenguaje positivo, palabras bonitas, chulas, que acarician…
- Frases amables: «*Me gustaría que...*», «*¿Podrías, porfa...?*», …
- Proximidad y contacto físico. Vitaminas ABC: abrazos, besos y caricias.

- *Música, maestro:*
  — La música amansa, anima, estimula y relaja.
  — Canciones, rimas, jotas, letras.
  — Música que emociona.
  — ¡A bailar!
  — Creamos la letra de una canción o un rap, aludiendo a ser asertivo y a no ser mandón.

- *Te cuento un cuento.* Actividades a través de la literatura infantil:
  — Lectura de cuentos donde hay personajes prepotentes y autoritarios con consecuencias negativas.
  — Lectura de cuentos con personajes asertivos, amables, tranquilos y los beneficios de sus conductas.
  — Dramatizaciones asumiendo los roles de distintos personajes.

- *Todo un mundo de emociones:* ¡Ay, qué emoción!

  — Visibilizar las emociones en nuestra vida: el muro de las emociones, la ruleta emocional…
  — Emociones que duelen, hacen daño y emociones que acarician y alegran:
    - «*Cuando estoy alegre soy capaz de…*».
    - «*Si estoy triste no puedo…*».
    - «*Cuando me enfado…*».
    - «*Los miedos de mi mochila…*».

- *Empatía.* Por medio de historias o casos concretos, ponerse en la piel de otra persona y meterse en sus zapatos.
  — «*¿Qué piensa esa persona?*», «*¿qué siente?*», «*¿qué necesita?*».
  — «*¿A mí me gustaría que me hicieran eso…?*".

Herramientas

Se aconseja poner elementos y objetos visibles que recuerdan y estimulan las actividades:

- Corchera para poner avisos, letreros, carteles, emoticonos…
- Pósits con frases positivas: *Ánimo, que te va a salir muy bien; Eres muy valiente; ¡Bravo!, te has esforzado…*
- Un cojín para el relax y la calma.
- Marionetas de palo con emociones.

Truco para manejar, frenar y minimizar la conducta exigente y autoritaria

Elegimos la palabra **STOP** que ayude a cortar o a prevenir esa conducta. Podemos asociarla a un sonido (suave golpe en la mesa), a un gesto (levantar el índice) o enseñar una señal de stop.

Con el tiempo el propio niño se puede dar un automensaje de STOP y respiración tranquila.

Algunos emoticonos diversos para asociar a cada situación, por ejemplo:

RECORDAMOS

Si queremos que nuestro hijo cambie su actitud, también tenemos que cambiar la nuestra.

¿Cómo podemos afrontar y ayudar a manejar el comportamiento autoritario de nuestros hijos?

La colección PsicoCuentos ofrece a los padres y a las personas relacionadas con los niños pautas de intervención provechosas avaladas por la investigación. Cada título consta de un libro guía para los padres con información contrastada y consejos prácticos sobre qué hacer o no hacer en el día a día, y de un cuento para el niño, con el objetivo de ayudarle a enfocar sus emociones de manera positiva y divertida, a resolver sus preocupaciones y dificultades, en definitiva, a enfrentarse a los retos de crecer, desarrollarse y hacerse mayor.

Libro que guía:
El niño mandón

\+

Cuento que ayuda:
El gallo Pimpón

PIRÁMIDE

PsicoCuentos

María Isabel Borda Crespo

EL GALLO PIMPÓN

...kikiRikiiiii

Ilustraciones de:
José Luis Espuelas

PIRÁMIDE

EL GALLO
PIMPÓN

Ilustrador: © José Luis Espuelas

© María Isabel Borda Crespo
© Ediciones Pirámide (Grupo Anaya, S. A.), 2024
Valentín Beato, 21. 28037 Madrid
Teléfono: 91 393 89 89
www.edicionespiramide.es
Depósito legal: M. 18.912-2024
ISBN: 978-84-368-5012-3
Printed in Spain

María Isabel Borda Crespo

El gallo
PIMPÓN

PSIcoCuentos

EDICIONES PIRÁMIDE

Un bonito día de primavera, el gallo Pimpón llegó a su nuevo hogar, una granja situada cerca de un río y de un tranquilo pueblo. Allí vivían no solo gallinas, patos, conejos, pavas y cerdos, sino también perros, yeguas, cabras, corderos y ovejas.

Como era un gallo joven y guapo fue muy bien recibido por todos los animales, contentos de tener un gallo que seguro les despertaría a muy buena hora.

En su primer día en la granja, el gallo Pimpón se levantó al alba y asombró a todos con un sonoro ¡kikirikiiiiiiiiiiiiiiiiiiiiiii!

Todos los animales llegaron ese día a tiempo a desayunar y a sus tareas: los corderos a pastar, los perros a ladrar y a guardar las ovejas, las gallinas a poner sus huevos y los conejos a comer sus raciones de heno y a hacer sus madrigueras.

Pasaron los días y el gallo Pimpón empezó a conocer las costumbres de todos los animales de la granja. Y, sin preguntar a sus compañeros, comenzó con su kikiriki a ordenarles la vida como él creía que debía de ser.

—¡Kikiriki! ¡Hora de levantarse! ¡Todo el mundo en pie! —cantaba todas las mañanas.

—¡Kikirikiiiiiiiii! ¡Hay que poner más huevos, gallinas! El dueño ya está impaciente por recogerlos —ordenaba a las gallinas.

—¡Kikiriki! ¡Solo se puede ladrar mientras cuidáis a las ovejas! —les decía a los perros cuando creía que ladraban sin motivo alguno.

—¡Kiiiiiiiiiikikiriki! ¡Orden, orden! —gritaba a los corderos—. Los manchados a un lado y los blancos al otro.

—¡Kikiriki! Ya está bien de revolcarse en los charcos —reñía a los cerdos— ¡Estáis todos muy sucios!

—¡Kikirikiiiiiiiiiii! ¡Ya está bien de hacer tantos túneles y de comer tanto heno! —reprochaba a los conejos.

Fueron pasando los días y los animales comenzaron a estar cansados de tanta orden y, sobre todo, de tanto kikiriki. Echaban de menos sus vidas tranquilas antes de que llegara Pimpón y pensaban que les podría haber preguntado si querían tanto kikiriki y tantas órdenes.

Entonces, decidieron reunirse todos los animales junto al pajar para buscar una solución. Cuando ya estaban todos, menos el gallo Pimpón, habló el señor Pato:

—Por favor, hablad todos los que queráis y contad vuestras quejas sobre tanta orden y tanto kikiriki de Pimpón.

Y comenzaron...

—Está bien que nos despierte temprano —dijeron las gallinas—. Es parte de su trabajo, pero que tengamos que poner los huevos cuando él quiera... ¡Es demasiado!

—¿Dónde se ha visto que tengamos que estar separados por el color de nuestra lana? —dijeron los corderos—. Somos todos iguales y nos gusta mezclarnos y hablar de nuestras cosas.

Y siguieron diciendo los cerdos...

—A nosotros nos gusta revolcarnos en el barro. ¡Es así como lo pasamos bien y nos sentimos limpios y contentos!

—Nosotros tenemos que ladrar para avisar si hay algún peligro y no solo cuando estamos cuidando a las ovejas— decían los perros.

—Y... nosotros tenemos que comer heno para mantener nuestros dientes limpios y sanos y, además, nos gusta hacer nuestras casas excavando túneles —contaban los conejos muy enfadados.

Todos pudieron hablar sobre lo que no les gustaba y juntos empezaron a pensar qué podrían hacer y cómo decírselo al gallo Pimpón.

Entonces, la señora Yegua dio con la solución:

—Tenemos que hablar con Pimpón y decirle lo que pensamos. Es importante que comprenda que solo necesitamos su primer kikiriki, que es el que nos avisa cuando comienza el día. Y que, después, cada uno sabe bien cuándo tiene que hacer sus tareas.

Cuando fueron a hablar con Pimpón, lo encontraron solo en una esquina del gallinero.

—Pimpón —empezó a hablar el señor Pato—, todos agradecemos la voluntad que pones en tus kikirikis, pero solo necesitamos el que nos despierta cuando el nuevo día comienza. Ya estamos cansados de que nos organices nuestras tareas con tus kikirikis. No son necesarios, nosotros ya sabemos lo que tenemos que hacer cada día.

Al principio, Pimpón no comprendía lo que el señor Pato le decía en nombre de los animales de la granja. Pensó que todos eran unos ingratos. Pero cuando vio que sus compañeros le miraban muy serios, empezó a pensar en si él lo había hecho bien, y en si realmente sus órdenes eran necesarias o justas. Solo había seguido sus impulsos sin pensar en los sentimientos y las costumbres de los demás animales.

Cuando todos se fueron, Pimpón se sintió avergonzado y comprendió por qué a veces se sentía tan solo e incomprendido y pensó que dar órdenes sin tener en cuenta las necesidades y sentimientos de los otros animales no era bueno y que era mejor que todos estuvieran contentos.

Entonces, Pimpón fue visitando a todos los animales de la granja para disculparse y les dijo que sentía mucho haberles molestado.

A la mañana siguiente, el gallo Pimpón despertó a todos los animales de la granja con un alegre ¡kikirikiiiiiiiiiiiiiiiiiiiiiiiiiiiiiiiii! El único que se escucharía a lo largo de ese día y así lo repitió todos los amaneceres que le siguieron.

KiKiriKiii...

ACTIVIDADES

1. ¿Cómo crees que se siente Pimpón cuando con sus kikirikis ordena la vida de todos los animales de la granja?

_____

_____

2. ¿Te has sentido alguna vez como los animales de la granja donde Pimpón canta sus kikirikis ordenándoles la vida?

❏ Sí
❏ No

¿Cómo crees que es sentirse así?

_____

_____

3. ¿Qué le dirías a estos animales para que comprendieran mejor a Pimpón?

_____

_____

4. ¿Sabrías unir con una flecha cada animal con el sonido que emiten?

Gallina	Maullar
Burro	Chillar
Yegua	Gruñir
Cordero	Rebuznar
Gato	Ladrar
Pato	Cacarear
Cerdo	Relinchar
Perro	Graznar
Conejo	Balar

5. Dibuja la granja donde vive Pimpón con todos sus compañeros y compañeras.